AF188363

Impressum
Verlag: BABADADA GmbH, Nedderfeld 112 , 22529 Hamburg
Geschäftsführer / Verlagsleitung: Harald Hof
Druck: Books on Demand GmbH, In de Tarpen 42, 22848 Norderstedt

Imprint
Publisher: BABADADA GmbH, Nedderfeld 112 , 22529 Hamburg, Germany
Managing Director / Publishing direction: Harald Hof
Print: Books on Demand GmbH, In de Tarpen 42, 22848 Norderstedt

dividir
تقسيم كردن

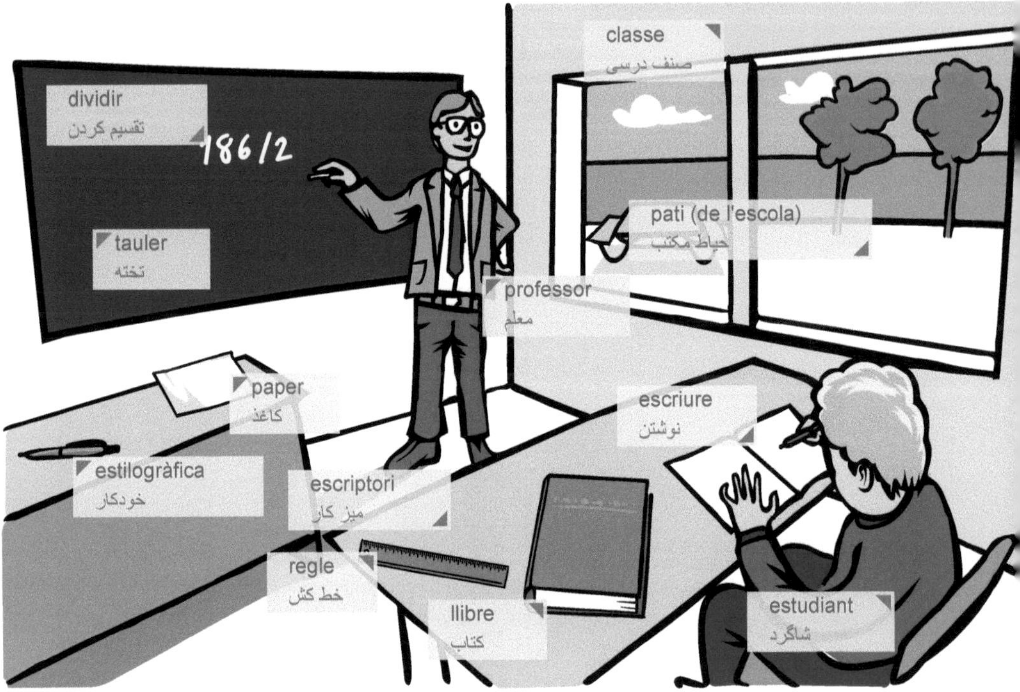

186/2

tauler
تخته

classe
صنف درسی

pati (de l'escola)
حياط مكتب

professor
معلم

paper
كاغذ

escriure
نوشتن

estilogràfica
خودكار

escriptori
ميز كار

regle
خط كش

llibre
كتاب

estudiant
شاگرد

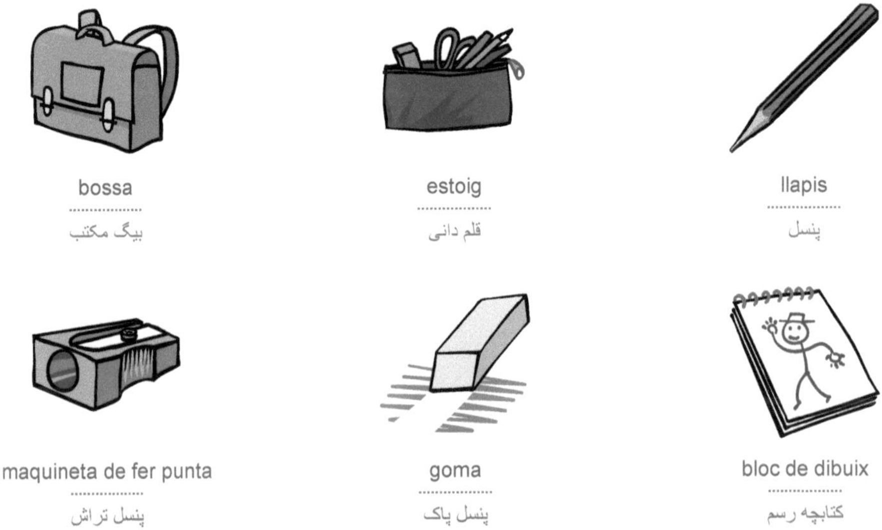

bossa
بيگ مكتب

estoig
قلم دانی

llapis
پنسل

maquineta de fer punta
پنسل تراش

goma
پنسل پاک

bloc de dibuix
كتابچه رسم

dibuix

نقاشی

pinzell

برس رنگ زنی

capsa de pintures

بکسک رنگه

tisores

قیچی

cola

سریش

quadern d'exercicis

کتاب تمرین

deures

کار خانگی

nombre

عدد

afegir

جمع کردن

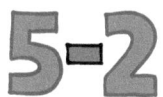

sostreure

تفریق کردن

multiplicar

ضرب کردن

calcular

حساب کردن

lletra

حرف

alfabet

الفبا

mot

کلمه

text

متن

llegir

خواندن

guix

تباشير

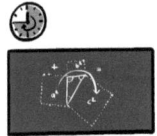

lliçó

درس

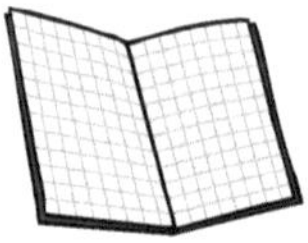

llibre de classe

ثبت نام

examen

امتحان

certificat

تصديقنامه

uniforme escolar

يونيفورم مكتب

formació

تحصيل

enciclopèdia

دانشنامه

universitat

پوهنتون

microscopi

مايكروسكوپ

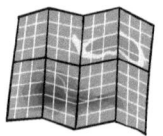

mapa

نقشه

paperera

سبد كاغذ باطله

سفر

hotel
هوتل
alberg
لیلیه
oficina de canvi
دفتر صرافی
maleta
بیگ سفری
automòbil
موتر

llengua
زبان

sí / no
بلی / نخیر

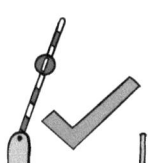

D'acord
بسیار خوب

Ey!
سلام

traductora
مترجم

gràcies
تشکر از شما

Quant costa... ?

قیمتش چقدر است؟

No entenc

نمی فهمم

problema

مشکل

Bona nit!

عصر بخیر! / شب بخیر!

bon dia!

صبح بخیر!

bona nit!

شب بخیر!

fins aviat

خداحافظ

direcció

مسیر

bagatge

بار مسافر

bossa

بیگ

sarrona

بیگ پشتکی

convidat

مهمان

cambra

اطاق

sac de dormir

بستره خواب سیار

tenda

خیمه

oficina de turisme

معلومات توریستی

platja

ساحل

carta de crèdit

کریدیت کارت

esmorzar

صبحانه

dinar

طعام چاشت

sopar

غذای شام

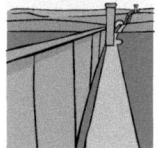

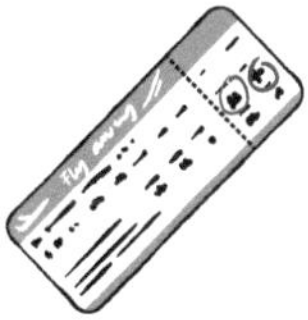

bitllet

تکت

ascensor

لفت

segell

مهر

frontera

مرز

duana

گمرک

ambaixada

سفارتخانه

visat

ویزه

passaport

پاسپورت

transport
حمل و نقل

vol
طیاره
vaixell
کشتی
automòbil dels bombers
موتر اطفاییه
bus
بس
camió
لاری
llanxa de motor
قایق موتوری
bicicleta
بایسکل
automòbil
موتر

transbordador

کشتی

barca

قایق

moto

موترسایکل

automòbil de policia

موتر پولیس

automòbil de curses

موتر مسابقه

automòbil de lloguer

موتر کرایی

vehicle compartit

اشتراک وسایط

grua

جرثقیل

camió de les escombraries

موتر حمل زباله

motor

موتور

benzina

تیل

benzineria

تانک تیل

senyal de trànsit

علامت ترافیکی

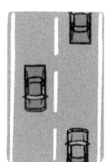

trànsit

عبور و مرور

embús

راهبندان

aparcament

پارک وسایط

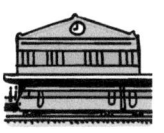

estació de trens

ایستگاه ریل

vies

خط ریل

tren

ریل

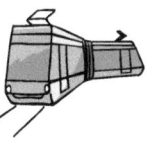

tramvia

ریل برقی

vagó

واگن

helicòpter

هلیکوپتر

aeroport

میدان هوایی

torre

برج

passatger

مسافر

contenidor

کانتینر

capsa de cartó

کارتن

carretó

گادی

cistella

سبد

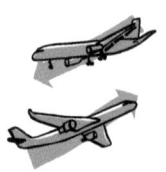

enlairar-se / aterrar

پرواز کردن / فرود آمدن

ciutat

شهر

poble

قریه

centre de la ciutat

تیاتر شهر

casa

خانه

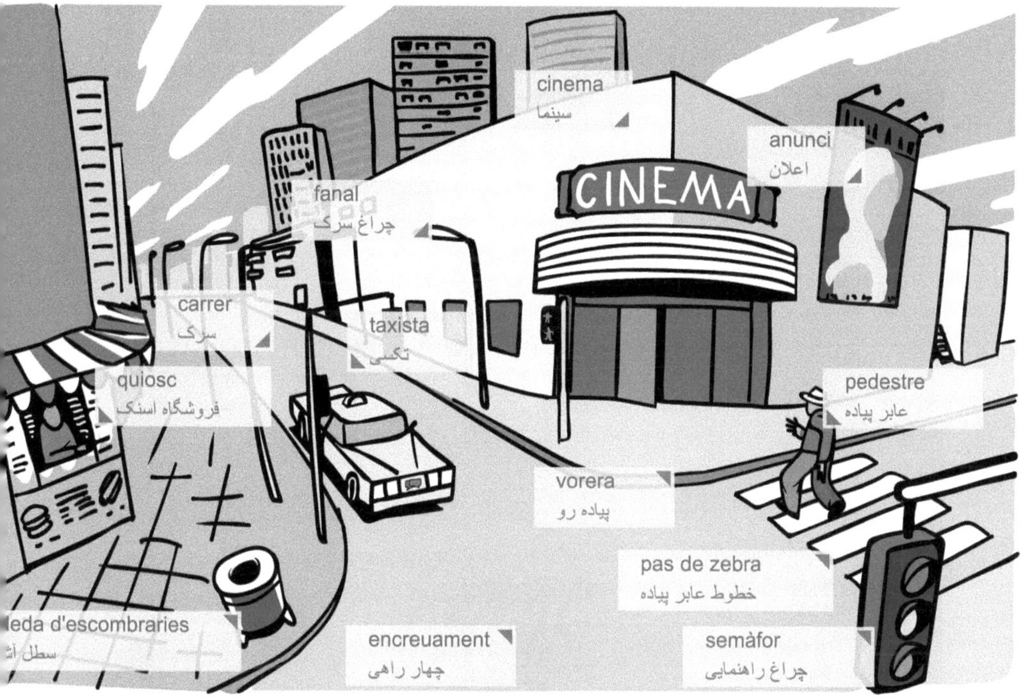

cinema
سینما
CINEMA
anunci
اعلان
fanal
چراغ سرک
carrer
سرک
taxista
تکسی
quiosc
فروشگاه اسنک
pedestre
عابر پیاده
vorera
پیاده رو
pas de zebra
خطوط عابر پیاده
leda d'escombraries
سطل آش
encreuament
چهار راهی
semàfor
چراغ راهنمایی

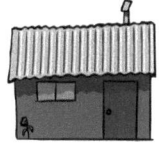

cabana

کلبه

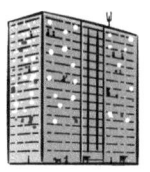

apartament

آپارتمان

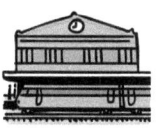

estació de trens

ایستگاه ریل

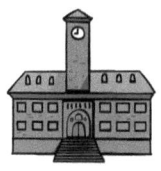

casa de la vila-ciutat

تالار شهر

MUSEUM

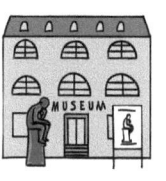

museu

موزیم

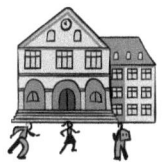

escola

مکتب

universitat

پوهنتون

banca

بانک

hospital

شفاخانه

hotel

هوتل

farmàcia

دواخانه

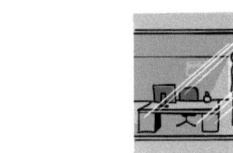

oficina

دفتر

llibreria

کتابفروشی

botiga

مغازه

floristeria

گل فروشی

supermercat

سوپر مارکیت

mercat

فروشگاه

gran magatzem

فروشگاه

peixateria

ماهی فروشی

centre comercial

مرکز خرید

port

بندر

parc

پارک

banc

دراز چوکی

pont

پل

escala

زینه ها

metro

مترو

túnel

تونل

parada d'autobús

ایستگاه بس

bar

میخانه

restaurant

رستورانت

bústia de correu

صندوق پست

senyal indicador

علامت سرک

parquímetre

ماشین پارکو متر

zoo

باغ وحش

piscina

حوض آببازی

mesquita

مسجد

granja

مزرعه

pol·lució

آلوده گی

cementiri

قبرستان

església

کلیسا

parc infantil

میدان بازی

temple

معبد

paisatge

چشم انداز

fulla
برگ

cartell indicador
لوحه

camí
راه

prat
علفزار

pedra
سنگ

arbre
درخت

excursionista
کوهنورد

riu
دریا

gespa
علف

flor
گل

vall
....
دره

muntanya
....
تپه

llac
....
دریاچه

bosc
....
جنگل

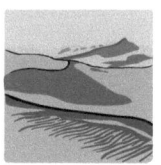

desert
....
صحرا

volcà
....
آتشفشان

castell
....
قلعه

arc de Sant Martí
....
رنگین کمان

bolet
....
سمارق

palmera
....
درخت آلو

moscard
....
پشه

mosca
....
مگس

formiga
....
مورچه

abella
....
زنبور

aranya
....
عنکبوت

escarabat

قانغوزک

granota

بقه

esquirol

موش خرما

eriçó

خارپشت

llebre

خرگوش صحرایی

òliba

بوم

ocell

پرنده

cigne

مرغابی

senglar

خوک وحشی

cervo

گوزن

ant

گوزن شمالی

presa

بند آب

turbina

توربین بادی

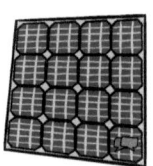

panell solar

صفحه خورشیدی

clima

آب و هوا

restaurant

رستورانت

cambrer
پیشخدمت
menú
مینوی غذا
cadira
چوکی
sopa
سوپ
pizza
پیتزا
coberts
قاشق و پنجه و کارد
tovalla
روی میزی

primer plat

پیش غذا

plat principal

غذای اصلی

darreries

شرینی

begudes

نوشیدنی ها

menjar

غذا

ampolla

بوتل

menjar ràpid

فاست فود

menjar de carrer

غذای کنار سرک

tetera

چاینک/ترموز

sucrer

قندانی

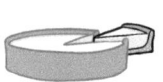

porció

بخش غذا

màquina d'espresso

دستگاه اسپرسو

trona

چوکی بلند

factura

بل

plata

پطنوس

ganivet

چاقو

forqueta

پنجه

cullera

قاشق

cullereta

قاشق چای خوری

tovalló

دستپاک دسترخوان یا میز

got

گیلاس

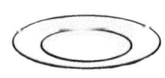

plat

بشقاب

plat de sopa

بشقاب سوپ

plateret

نعلبکی

salsa

چتنی

saler

نمکدان

molinet de pebre

آسیاب مرچ

vinagre

سرکه

oli

روغن خوراکی

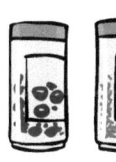

espècies

ادویه

quètxup

کچاپ

mostassa

ساس خردل

maionesa

مایونز

supermercat
سوپر مارکیت

oferta especial
پیشنهاد خاص
FOR
client
مشتری
productes lactis
لبنیات
fruites
میوه
carret de la compra
چرخ دستی

carnisseria
قصابی

forn de pa
نانوایی

pesar
وزن کردن

verdures
سبزیجات

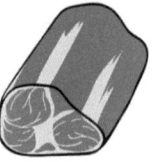

carn
گوشت

menjar congelat
غذای منجمد

carn freda

غذای سرد

conserves

غذای کنسر شده

detergent en pols

پودر رختشویی

dolços

شیرینی

articles domèstics

لوازم خانگی

productes de neteja

محصولات پاک کننده

venedora

فروشنده

caixa registradora

دخل پیسه

caixera

صندوقدار

llista de la compra

لست خرید

horari d'obertura

ساعات کاری

portamonedes

بکسک جیبی

carta de crèdit

کریدیت کارت

bossa

بیگ

bossa de plàstic

بیگ پلاستیکی

begudes

نوشیدنی ها

aigua

آب

suc

جوس

llet

شیر

coca-cola

نوشابه

vi

شراب

cervesa

بیر

alcohol

الکول

cacau

ککو

te

چای

cafè

قهوه

espresso

اسپرسو

cappuccino

کاپوچینو

banana

کیله

poma

سیب

taronja

مالته

síndria

تربوز

llimona

لیمو

pastanaga

زردگ

all

سیر

bambú

چوب خیزران

ceba

پیاز

bolet

سمارق

avellanes

مغزیات

fideus

آش

espaguetis

مکرونی

arròs

برنج

amanida

سلاد

patates fregides

چیپس

patates fregides

کچالو سرخ کرده

pizza

پیتزا

hamburguesa

همبرگر

entrepà

ساندویچ

escalopa

کتلت

cuixot

همبرگر

salami

سالامی

salsitxa

ساسچ

pollastre

مرغ

rostit

کباب

peix

ماهی

flocs de civada

فرنی جو

musli

صبحانه رژیمی

cereals

کورن فلکس

farina

آرد

croissant

کروسانت

panet

قرص نان

pa

نان خشک

torrada

توست / نان بریان

bescuits

بیسکیت

mantega

مسکه

mató

چکه

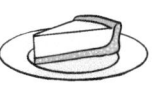

pastís

کیک

ou

تخم مرغ

ou fregit

تخم مرغ سرخ شده

formatge

پنیر

gelat

آیسکریم

sucre

شکر

mel

عسل

melmelada

مربا

crema de xocolata

مسکه چاکلیت

curri

زردچوبه هندی

granja
مزرعه

granja
graner
گودام غله
bala de palla
خرمن گاه
camp
زمین زراعتی
cavall
اسب
remolc
تریلر
tractor
تراکتور
poltre
کره اسب
ase
خر
ovella
گوسفند
xai
بره

cabra
بز

vaca
گاو

vedella
گوساله

porc
خوک

garrí
خوکچه

bou
گاو نر

oca

قاز

ànec

مرغابی

poll

چوچه مرغ

gall

مرغ

gallina

خروس

rata

موش صحرایی

gat

پیشک

ratolí

موش

bou

گاومیش

gos

سگ

gossera

خانه سگ

mànega de regar

خانه باغ

regadora

آبپاش

dalla

داس

arada

قولبه کردن

falç

داس

aixada

کج بیل

forca

چنگال باغبانی

destral

تبر

carretó

کراچی

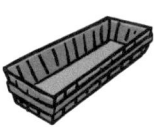

abeurador

تغار

lletera

قوطی شیر

sac

بوجی

tanca

دیوار مرزی از چوب یا سیم خار دار

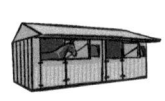

establa

پایدار

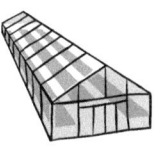

hivernacle

گلخانه

sòl

خاک

llavor

تخم

adob

کود

collidora

ماشین درو وخرمنکوبی

collir

درو کردن

collita

درو

nyam

کچالو شرین

blat

گندم

soja

سویا

patata

کچالو

blat de moro o d'indi

جواری

colza

کلزا

arbre fruiter

درخت میوه

mandioca

مانیوک

cereals

غلات و حبوبات

casa
خانه

fumera
دودکش
teulada
پشت بام
canaló
آب رو
finestra
کلکین
garatge
گراج
campana
زنگ دروازه
porta
دروازه
galleda de les escombraries
سطل زباله
bústia de correu
صندوق نامه
jardí
باغچه

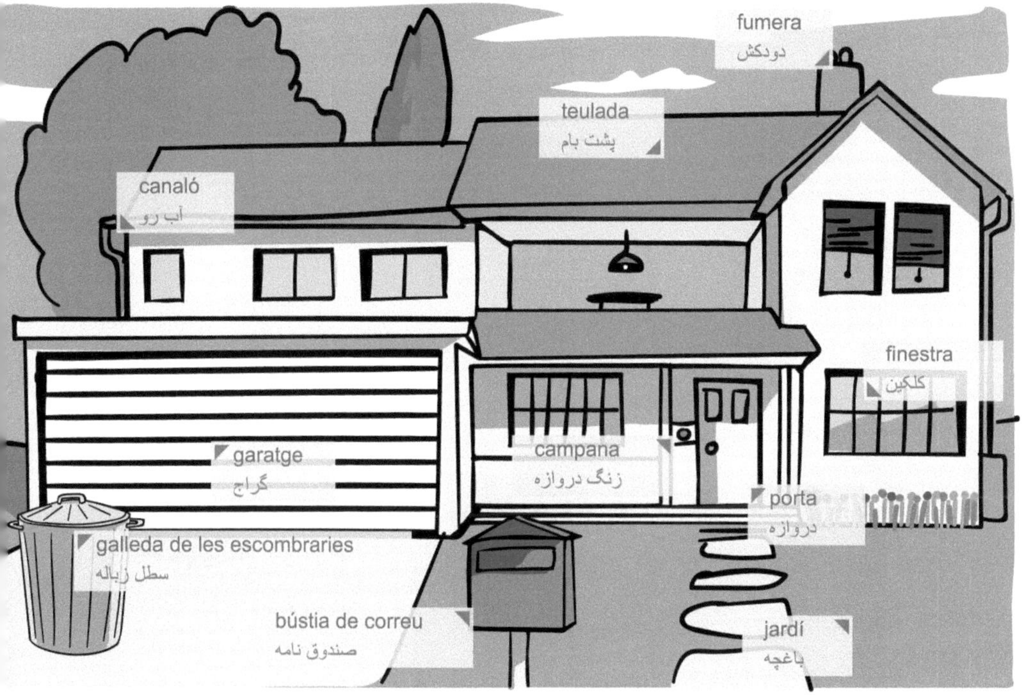

sala d'estar

اطاق نشیمن

bany

حمام / دستشویی

cuina

آشپزخانه

cambra de dormir

اطاق خواب

cambra de nen

اطاق اطفال

menjador

اطاق پذیرایی

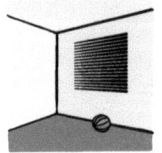

sòl

کف زمین

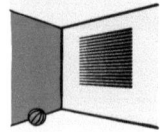

paret

دیوار

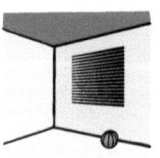

sostre

سقف

soterrani

گودام زیر زمینی

sauna

سونا

balcó

بالکن

terrassa

برنده / بالکن

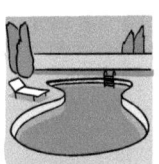

piscina

حوض

tallagespa

ماشین درو کردن چمن

vànova

ورق کاغذ

cobrellit

روجایی

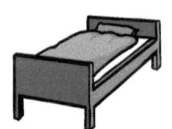

llit

تختخواب

escombra

جارو

galleda

سطل

interruptor

سویچ

sala d'estar
اطاق نشیمن

paper de paret
کاغذ دیواری
quadre
تصویر
làmpada
چراغ
prestatge
قفسه
armari
کابینت
televisor
تلویزیون
escalfapanxes
بخاری دیواری
flor
گل
coixí
بالشت
sofà
کوچ
gerro
گلدان
telecomanda
ریموت کنترول

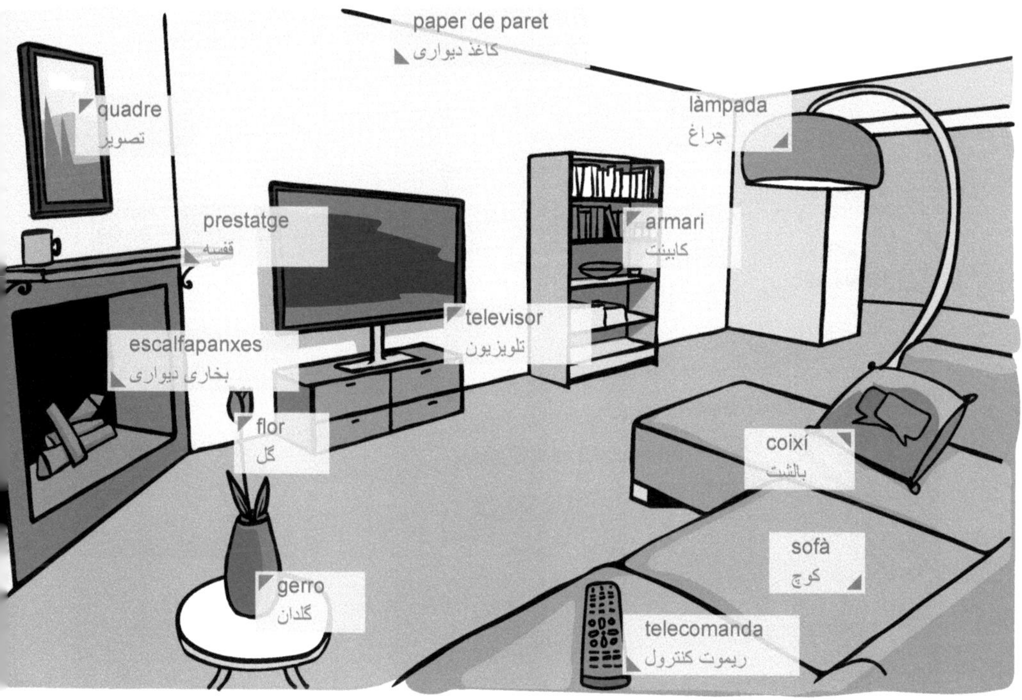

catifa
فرش

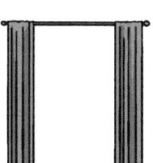

cortina
پرده

taula
میز

cadira
چوکی

cadira gronxadora
چوکی گهواره یی

cadiral
چوکی دسته دار

llibre

کتاب

llençol

کمپل

decoració

دکوراسیون

llenya

هیزم

film

فلم

cadena de música

سیستم های فای

clau

کلید

diari

روزنامه

pintura

تابلوی نقاشی

cartell

پوستر

ràdio

رادیو

bloc de notes

دفتر

aspiradora

جاروبرقی

cactus

کاکتوس

candela

شمع

cuina
آشپزخانه

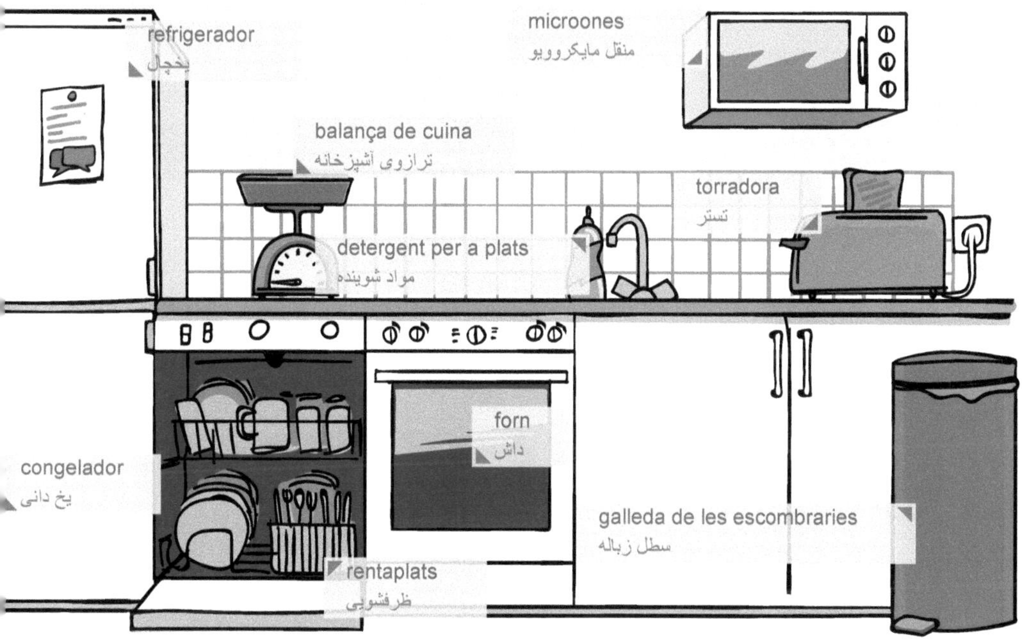

refrigerador
یخچال
microones
منقل مایکروویو
balança de cuina
ترازوی آشپزخانه
torradora
تستر
detergent per a plats
مواد شوینده
forn
داش
congelador
یخ دانی
galleda de les escombraries
سطل زباله
rentaplats
ظرفشویی

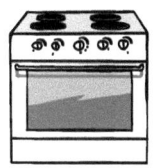

cuina de fogons

منقل

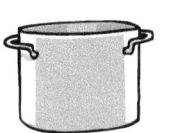

olla

دیگ

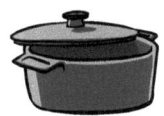

olla de ferro colat

دیگ چدنی

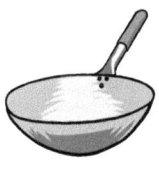

wok / karahi

کراهی

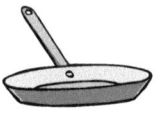

paella

تابه

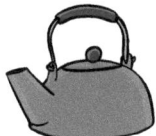

bullidor

چای جوش

olla de vapor

بخارپز

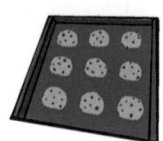

plata de forn

پطنوس طباخی

vaixella

ظروف

tassa grossa

پیاله کلان

bol

کاسه

bastonets xinesos

چاپستیک ها

culler

ملاقه

espàtula

کفگیر

batedor

مخلوط کننده

colador

چلو صاف

sedàs

غلبیل

ratllador

رنده

morter

هاونگ

barbacoa

بار بیکیو

foc a terra

آتش باز

taula de tallar

تخته برش

corró

آشگز

llevataps

سر بازکن

pot de conserva

قوطی

obridor

سر باز کن

agafador

دستگیره تکه ای

aigüera

ظرف شویی

raspall

برس ظرف شویی

esponja

اسفنج

batedora

مخلوط کن

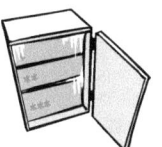

congelador

فریزر

biberó

شیر چوشک اطفال

aixeta

نل آب

bany
حمام / دستشویی

calefacció
گرم کننده
tovallola
جان پاک
dutxa
شاور
cortina de dutxa
پرده حمام
bany de bombolles
حمام کف
banyera
تب حمام
got
گیلاس
rentadora
ماشین لباسشویی
aixeta
نل آب
rajoles
کاشی
orinal
پات اطفال
aigüera
ظرف شویی

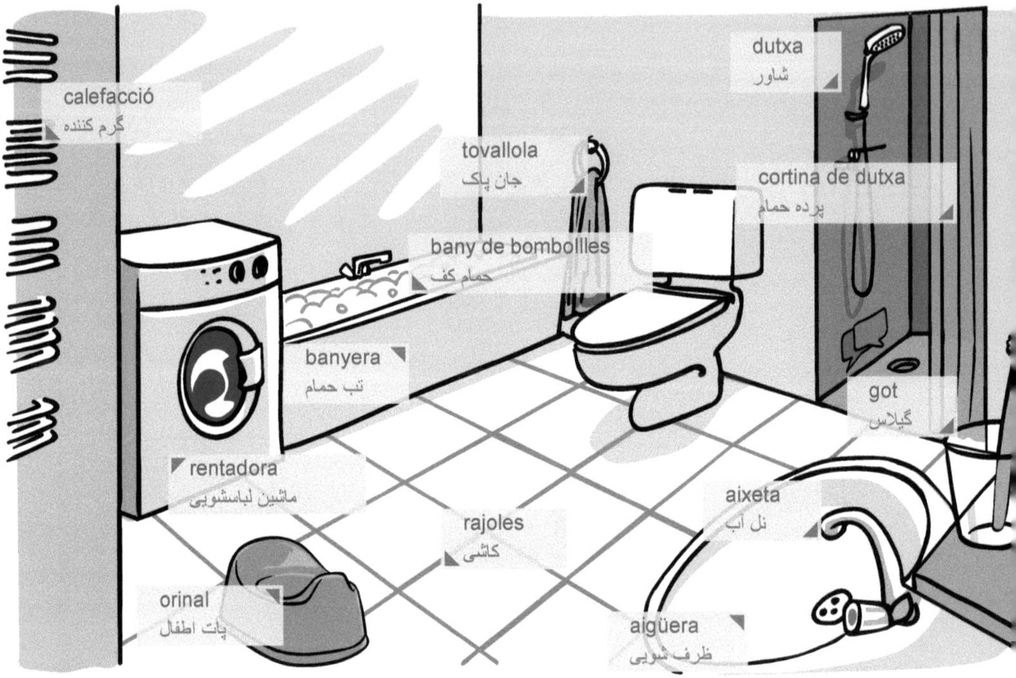

lavabo
تشناب

lavabo turc
کمود فرشی

bidet
کمود

orinador
تشناب مرد ها

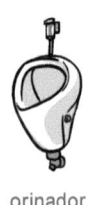

paper higiènic
کاغذ تشناب

escombreta de sanitari
برس کمود

raspall de dents

برس دندان

pasta de dents

کریم دندان

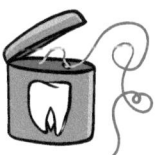

fil dental

نخ دندان

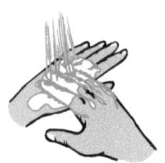

rentar

شستن

pom de dutxa

شاور دستی

dutxa íntima

شاور کمود

rentamans

دستشویی

raspall per a l'esquena

برس پشت

sabó

صابون

gel de dutxa

جل حمام

xampú

شامپو

manyopla de bany

لیف

bonera

آب رو

crema

کریم

desodorant

بوزدا

mirrall

آینه

mirall-espill de mà

آینه دستی

maquineta de rasar

ریش تراش

espuma de barbejar

کف ریش تراشی

loció post-rasada

کلونیا

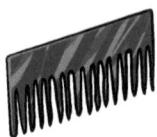

pinta

شانه موی

raspall

برس

eixugador

سشوار

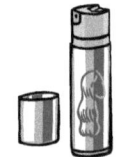

laca

اسپری مو

maquillatge

آرایش

pintallavis

لب سرین

esmalt d'ungles

رنگ ناخن

cotó

پشم پنبه

tallaungles

ناخن گیر

perfum

عطر

estoig de bellesa

کیسه شستشو

tamboret

چوکی چار پایه

bàscula

ترازوی وزن

barnús

جان پاک

guants de goma

دستکش پلاستیکی

compresa higiènica

تامپون

compresa

کوتکس

sanitari químic

تشناب سیار

cambra de nen

اطاق اطفال

despertador
ساعت زنگ دار
animal de peluix
گدی های نرم
auto de joguina
موتر سامان بازی
sonall
جرنگانه
casa de nines
خانه گدی
present
هدیه

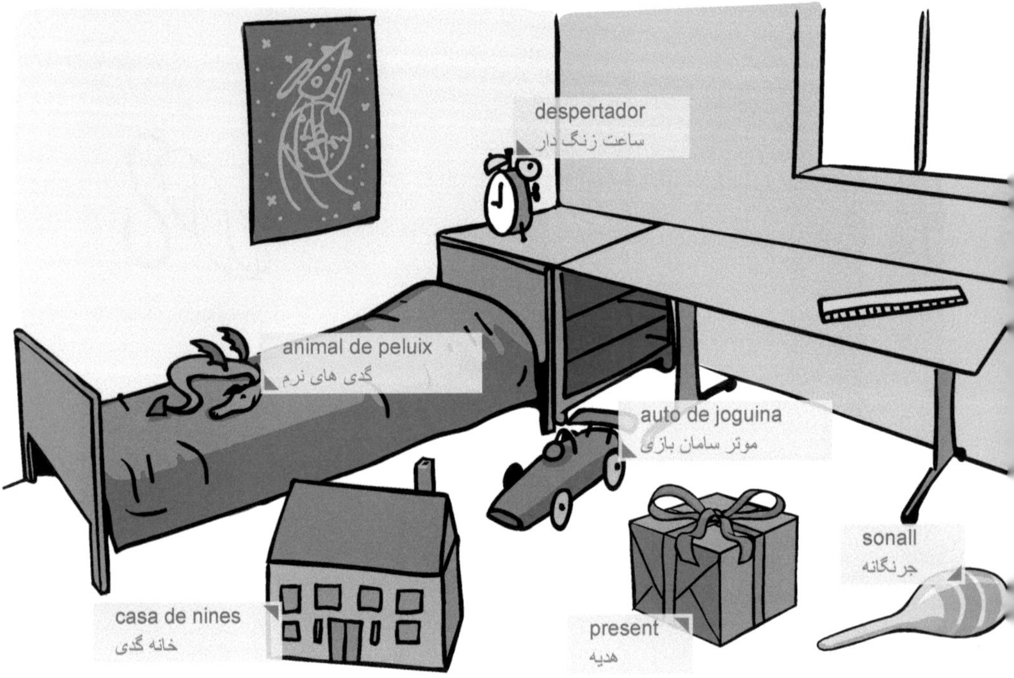

baló

پوقانه

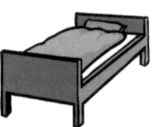

llit

تختخواب

cotxet per a nens

ریکشه اطفال

joc de cartes

قطعه بازی

trencaclosca

پازل

historieta

خنده آور

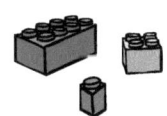

peces de lego

خشت های لگو

peces de construcció

بلوک های سامان بازی

ninot d'acció

پچه فلم

granota

لباس طفل

frisbee

فریزبی

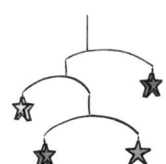

mòbil per a bressol

سامان بازی که روی تخت خواب اطفال
اویزان می شود

joc de taula

بازی تخته یی

daus

تاس

tren elèctric

ریل اسباب بازی

xumet

چوشک

festa

مهمانی

llibre de dibuixos

کتاب تصویری

pilota

توپ

nina

گدیگک

jugar

بازی کردن

sorrera

جعبه ریگ

gronxador

گاز

joguines

اسباب بازی

consola de jocs de vídeo

کنسول بازی کمپیوتری

tricicle

سه چرخه

osset de peluix

خرس سامان بازی

armari

الماری لباس

roba

لباس

mitjons

جوراب

mitges

جوراب دراز

mitja pantaló

برجس

tapacoll
چادر سر

paraigua
چتری

camiseta
بلوز

cintura
کمربند

botes
بوت

plantofes
چپلک

sabates d'esport
کرمچ

sandàlies
چپلی

sabates
بوت

botes de goma
موزه پلاستیکی

calçonets
نیکر

sostenidor
واسکت زنانه

guardapits
واسکت

roba - لباس   45

jjustacòs
بدن

pantalons
برزو

jeans
پتلون کاوبای

faldeta
دامن

brusa
بلوز

camisa
پیراهن

jersei
یالان

dessuadora
جاکت کلاه دار

blazer
جاکت

jaqueta
چمپر

mantell
کورتی

impermeable
کوت بارانی

vestit de dona
لباس مخصوص مراسم

vestit de dona
پیراهن

vestit de núvia
لباس عروسی

vestit d'home

دریشی

camisa de dormir

لباس خواب

pijama

پاجامه

sari

ساری

mocador de cap

چادر سر

turbant

لنگی

burca

چادری

caftan

کفتان

abaia

چادر

vestit de bany

لباس آبازی

calçon(et)s de bany

نیکر پاچه دار

pantalons curts

پتلون نصفه

xandall

لباس ورزشی

davantal

پیش بند

guants

دستکش

botó

دکمه

ulleres

عینک

braçalet

دستبند

collaret

گردن بند

anell

انگشتر

orellera

گوشواره

casquet

کلاه پیک دار

penjador

کوت بند

capell

کلاه

corbata

نیکتایی

cremallera

زیپ

casc

کلاه مصون

elàstics

بند تنبان

uniforme escolar

یونیفورم مکتب

uniforme

یونیفورم

pitet

پیش بند

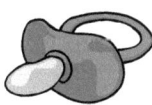

xumet

چوشک

bolquer

پمپر

oficina

دفتر

servidor
سرور
armari arxivador
الماری اسناد
paper
کاغذ
impressora
پرینتر
monitor
مانیتور
escriptori
میز کار
ratolí
ماوس
arxivador
فولدر
teclat
کیبورد
paperera
سبد کاغذ باطله
ordinador
کمپیوتر
cadira
چوکی

tassa de cafè

گیلاس قهوه

calculadora

ماشین حساب

Internet

اینترنت

ordinador portàtil

لپ تاپ

lletra

نامه

missatge

پیام

mòbil

موبایل

xarxa

شبکه

fotocopiadora

ماشین فوتوکاپی

programari

نرم افزار

telèfon

تلیفون

presa de corrent

پلک

fax

دستگاه فکس

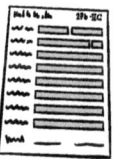

formulari

فورمه

document

سند

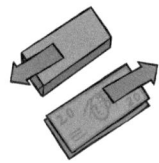

comprar

خرید کردن

pagar

پرداختن

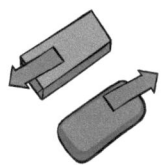

comerciar

تجارت کردن

diners

پول

USD

dòlar

دالر

EUR

euro

یورو

JPY

ien

ین

RUB

ruble

روبل

CHF

franc suís

فرانک سوئیس

CNY

renminbi

یوان رنمینبی

INR

rupia

روپیه

caixa automàtica

خودپرداز

oficina de canvi

دفتر صرافی

or

طلا

argent

نقره

petroli

نفت

energia

انرژی

preu

قیمت

contracte

قرارداد

impost

مالیات

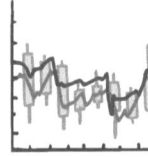

acció

سهام

treballar

کار کردن

treballador

کارمند

empresari

استخدام کننده

fàbrica

فابریکه

botiga

مغازه

oficis

oficial de policia
افسر پولیس
bomber
آتش نشان
cuiner
آشپز
doctora
داکتر
pilot
پیلوت

jardiner

باغبان

fuster

نجار

costurera

خیاط

jutge

قاضی

química

کیمیا دان

actor

بازیگر

conductor d'autobús

راننده بس

taxista

راننده تکسی

pescador

ماهیگیر

dona de la neteja

خدمه

ensostrador

سقف ساز

cambrer

پیشخدمت

caçador

شکارچی

pintor

نقاش

forner

نانوا

electricista

برقی

obrer de la construcció

بنا

enginyer

انجنیر

carnisser

قصاب

llanterner

نلدوان

correu

پستچی

soldat

....

سرباز

arquitecte

....

معمار

caixera

....

صندوقدار

florista

....

گل فروش

perruquer

....

آرایشگر

revisor

....

مامور تکت ریل

mecànic

....

میخانیک

capità

....

کاپیتان

dentista

....

داکتر دندان

científic

....

دانشمند

rabí

....

خاخام/ عالم یهودی

imam

....

امام

monjo

....

راهب

capellà

....

ملا

eines

ابزار

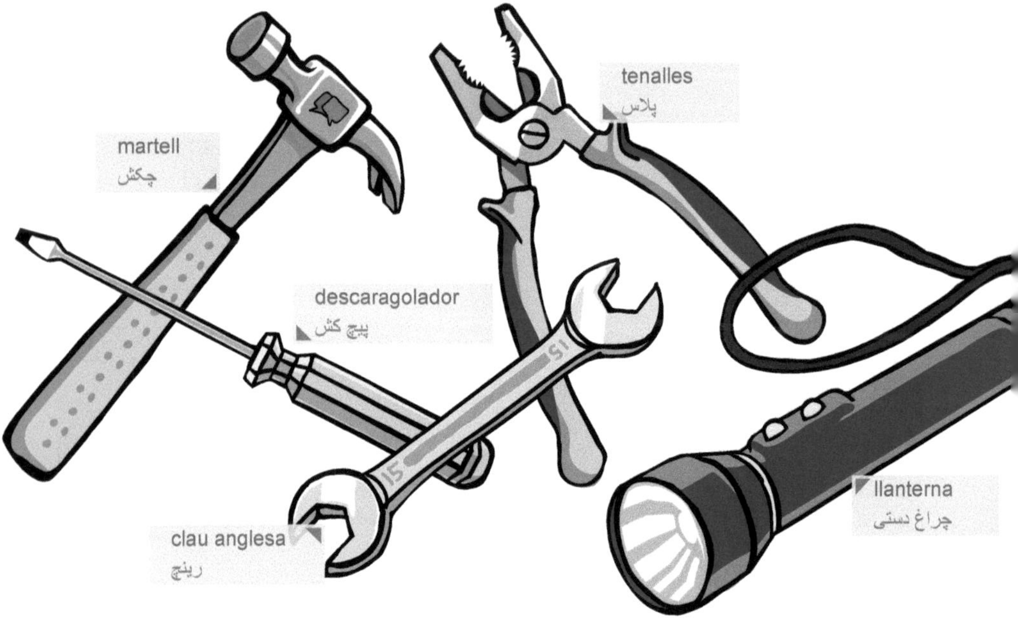

tenalles
پلاس
martell
چکش
descaragolador
پیچ کش
llanterna
چراغ دستی
clau anglesa
رینچ

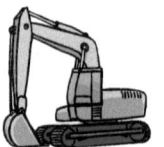

excavadora
ماشین حفاری

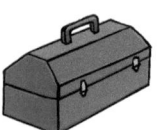

caixa d'eines
جعبه ابزار

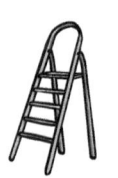

escala
زینه

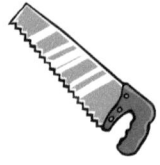

serra
اره

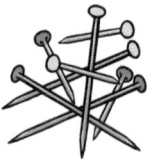

claus
میخ

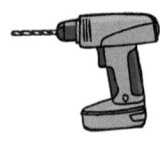

trepant
برمه

reparar

ترمیم کردن

pala

بیل

Maleït siga!

لعنتی!

pala

خاکروبه

pot de pintura

سطل رنگ

caragols

پیچ

instrument de música

آلات موسیقی

altaveu
بلندگو
bateria
درام کیت
guitarra
گیتار
contrabaix
کنترباس
trompeta
ترومپت

piano

پیانو

violí

وایلن

baix

گیتار بیس

timbal

دهل

tambor

دول

teclat

پیانوی برقی

saxofon

ساکسوفون

flauta

توله

micròfon

میکروفون

ZOO
باغ وحش

tigre
ببر
entrada
ورودی
gàbia
قفس
zebra
گوره خر
aliment per a animals
غذای حیوانات
ós panda
پاندا

animals

حیوانات

elefant

فیل

cangurú

کانگورو

rinoceront

غژ گاو

goril·la

گوریلا

ós

خرس

camell

شتر

estruç

شترمرغ

lleó

شیر

simi

میمون

flamenc

فلامینگو

papagai

طوطی

ós polar

خرس قطبی

pingüí

پنگوئن

ca mari

کوسه

paó

طاووس

serp

مار

cocodril

تمسا

guardià del zoo

نگهبان باغ وحش

foca

سگ آبی

jaguar

پلنگ خالدار امریکایی

poni

اسب کوچک

lleopard

پلنگ

hipopòtam

اسب آبی

girafa

زرافه

àliga

عقاب

senglar

خوک وحشی

peix

ماهی

tortuga

سنگ پشت

morsa

شیر دریایی

guineu

روباه

gasela

غزال

esports

ورزش ها

futbol americà
فوتبال امریکایی
ciclisme
بایسکل سواری
tenis
تنیس
bàsquet
باسکتبال
natació
آب بازی
boxa
بوکس
hoquei sobre gel
هاکی روی یخ

futbol americà
فوتبال

bàdminton
بدمینتون

atletisme
ورزشکاری

handbol
هندبال

esquí
اسکی

polo
پولو

saltar
خیز زدن

abraçar
بغل کردن

riure
خندیدن

anar
راه رفتن

cantar
خواندن

somiar
خواب دیدن

pregar
دعا کردن

fer un petó
بوسیدن

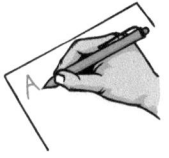

escriure
....
نوشتن

dibuixar
....
کشیدن

mostrar
....
نشان دادن

pitjar
....
تیله کردن

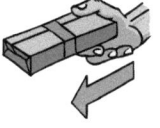

donar
....
دادن

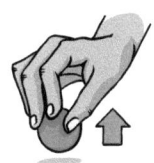

prendre
....
گرفتن

tenir

داشتن

fer

انجام دادن

ésser

بودن

estar dret

ایستادن

córrer

دویدن

estirar

کش کردن

llançar

پرتاب کردن

caure

افتادن

jeure

دروغ گفتن

esperar

صبر کردن

portar

حمل کردن

asseure's

نشستن

vestir-se

لباس پوشیدن

dormir

خوابیدن

despertar-se

بیدار شدن

mirar

نگاه کردن

plorar

گریه کردن

amoixar

ضربه زدن

pentinar

شانه کردن

parlar

صحبت کردن

comprendre

فهمیدن

demanar

پرسیدن

escoltar

گوش دادن

beure

نوشیدن

menjar

خوردن

endreçar

مرتب کردن

estimar

عشق ورزیدن

cuinar

پختن

conduir

راننده گی کردن

volar

پرواز کردن

navegar

روی آب حرکت کردن

calcular

حساب کردن

llegir

خواندن

aprendre

یاد گرفتن

treballar

کار کردن

casar-se

ازدواج کردن

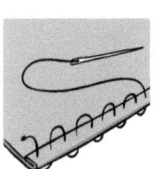

cosir

دوختن

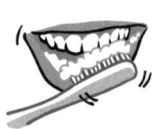

raspallar-se les dents

برس کردن دندان ها

matar

کشتن

fumar

سگریت کشیدن

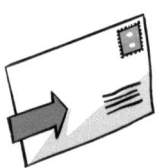

enviar

فرستادن

família
فامیل

àvia
مادرکلان
avi
پدرکلان
pare
پدر
mare
مادر
nadó
نوزاد
filla
دختر
fill
پسر

convidat
....
مهمان

tia
....
عمه / خاله

oncle
....
ماما/کاکا

germà
....
برادر

germana
....
خواهر

cos
بدن

front
پیشانی
ull
چشم
espatlla
شانه
dit
انگشت
cara
روی
barbeta
زنخ
mà
دست
cama
پا
pit
سینه
braç
بازو

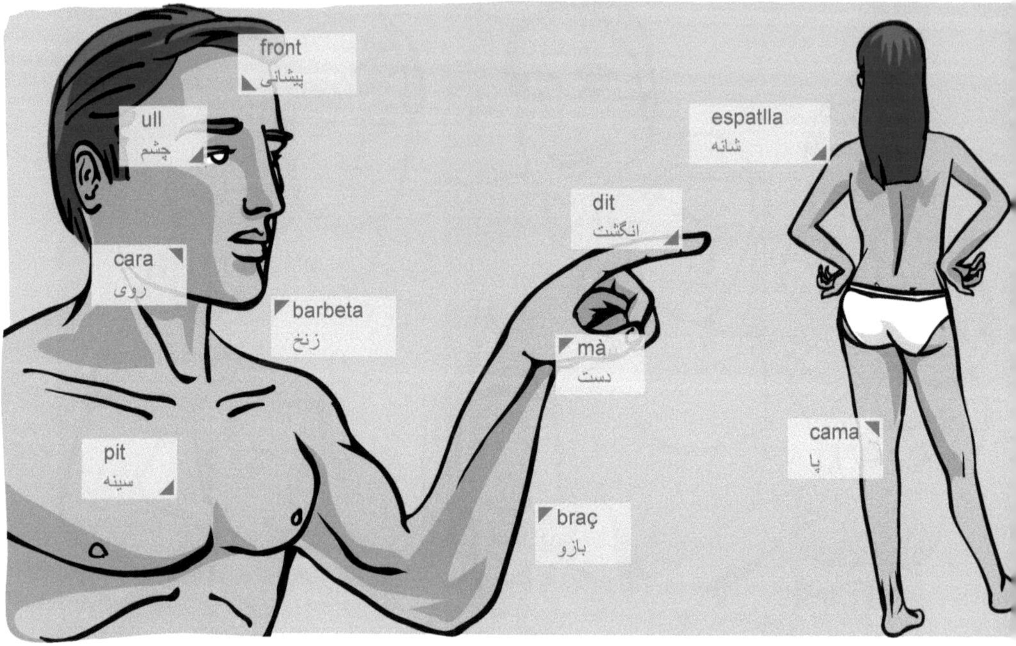

nadó
نوزاد

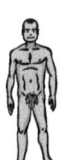

home
مرد

dona
زن

noia
دختر

noi
پسر

cap
سر

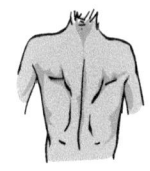

esquena

کمر

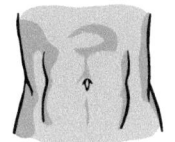

panxa

شکم

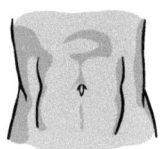

melic

ناف

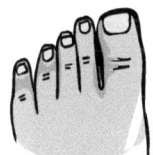

dit gros del peu

انگشت پا

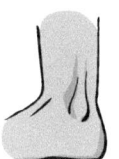

taló

کوری پای

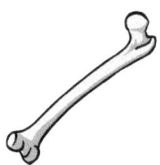

os

استخوان

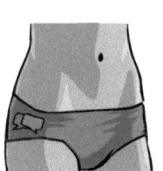

maluc

کمر

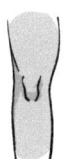

genoll

زانو

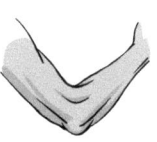

colze

آرنج

nas

بینی

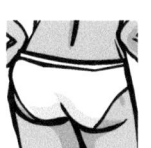

cul

سرین

pell

پوست

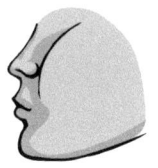

galta

کومه

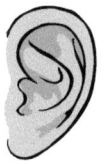

orella

گوش

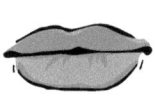

llavi

لب

boca

دهان

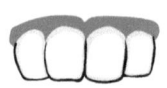

dent

دندان

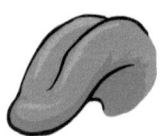

llengua

زبان

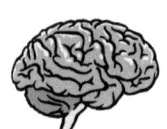

cervell

مغز

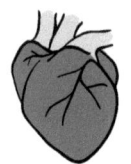

cor

قلب

múscul

عضله

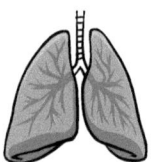

pulmó

شش

fetge

جگر

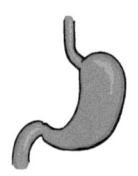

estómac

معده

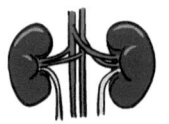

ronyó

گرده

relació sexual

رابطه جنسی

preservatiu

کاندوم

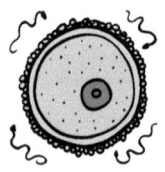

ovari

تخمه

semen

آب منی

prenyat

حاملگی

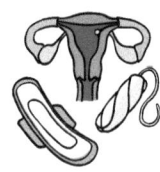

menstruació

....

قاعده گی

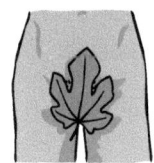

vagina

....

مجرای تناسلی زن

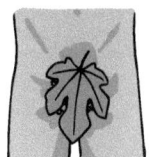

penis

....

آلت تناسلی مرد

cella

....

ابرو

cabells

....

مو

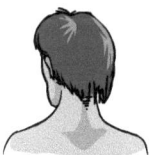

coll

....

گردن

hospital
شفاخانه

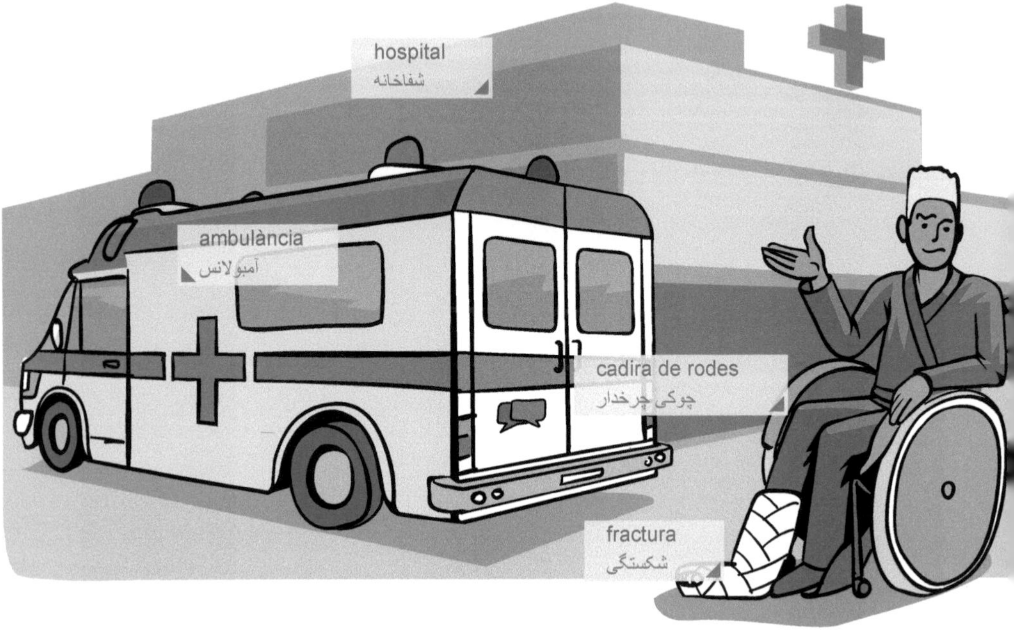

hospital
شفاخانه
ambulància
آمبولانس
cadira de rodes
چوکی چرخدار
fractura
شکستگی

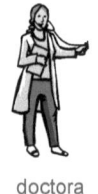

doctora
داکتر

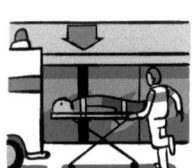

sala d'urgències
اطاق عاجل

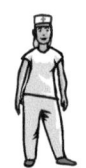

infermera
نرس

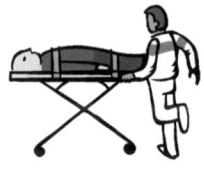

urgència
عاجل

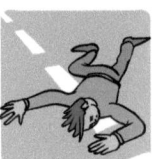

inconscient
بیهوش

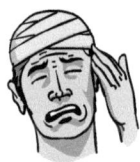

dolor
درد

ferida

جراحت

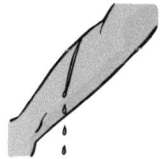

sagnament

خونریزی

atac de cor

حمله قلبى

apoplexia

سكته مغزى

al·lèrgia

حساسيت

tos

سرفه

febre

تب

gripa

انفلوانزا

diarrea

اسهال

mal de cap

سردرد

càncer

سرطان

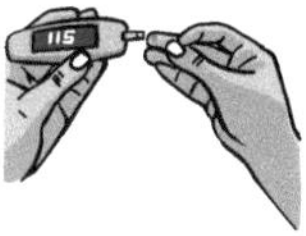

diabetis

شكر

cirurgià

جراح

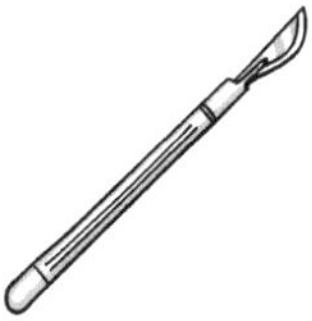

escalpel

چاقوى جراحى

operació

عمليات

tomografia computada (TC), TAC

سی تی

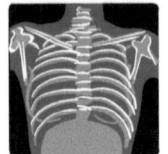

raigs x

ایکسری

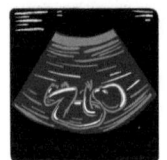

ultrasò

سونوگرافی

mascareta

ماسک روی

malaltia

مریضی

sala d'espera

اطاق انتظار

crossa

عصا

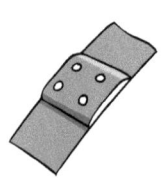

tireta

گچ

embenat

پانسمان

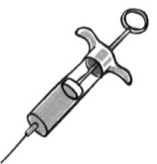

injecció

تزریق

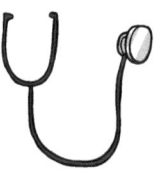

estetoscopi

استاتسکوپ

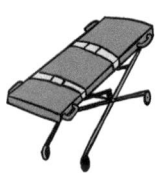

llitera

تذکره

termòmetre clínic

ترمامیتر کلینیکی

pariment

تولد

sobrepès

اضافه وزن

aparell auditiu

سمعک

desinfectant

ضدعفونی کننده

infecció

عفونت

virus

وایروس

VIH / SIDA

اچ آی وی / ایدز

medicina

ادویه

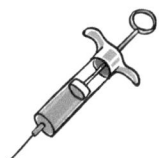

vaccí

واکسیناسیون

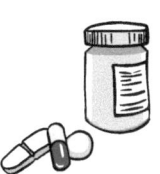

comprimits

تابلیت ها

píl·lola

تابلیت

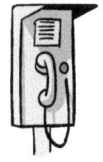

trucada d'urgència

تماس اضطراری

tensiòmetre

مانیتور فشار خون

malalt / sà

بیمار / سالم

urgència
عاجل

Socors!

کمک!

alarma

زنگ هشدار

assalt

تجاوز

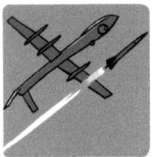

atac

حمله

perill

خطر

sortida-eixida d'urgència

خروج اضطراری

Foc!

آتش!

extintor

آله ضد حریق

accident

حادثه

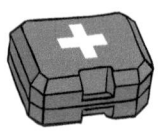

farmaciola de primers auxilis

بکسه کمک های اولیه

SOS

پیام اضطراری

policia

پولیس

Europa

اروپا

Amèrica del Nord

امریکای شمالی

Amèrica del Sud

امریکای جنوبی

Àfrica

آفریقا

Àsia

آسیا

Austràlia

استرالیا

Atlàntic

اقیانوس اطلس

Pacífic

اقیانوس آرام

Oceà Índic

اقیانوس هند

Oceà Antàrtic

اقیانوس منجمد جنوبی

Oceà Àrtic

اقیانوس منجمد شمالی

pol nord

قطب شمال

pol sud

قطب جنوب

Antàrtida

قاره قطب جنوب

terra

زمین

país

خشکی

mar

دریا

illa

جزیره

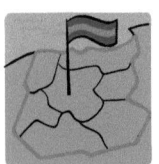

nació

ملت

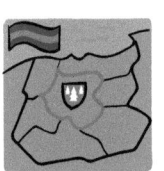

estat

کشور

rellotge
ساعت

quadrant
روی ساعت

agulla de les hores
عقربه ساعت شمار

agulla dels minuts
عقربه دقیقه شمار

agulla dels segons
عقربه ثانیه شمار

Quina hora és?
ساعت چند است؟

dia
روز

temps
زمان

ara
اکنون

rellotge digital
ساعت دستی دیجیتل

minut
دقیقه

hora
ساعت

setmana

هفته

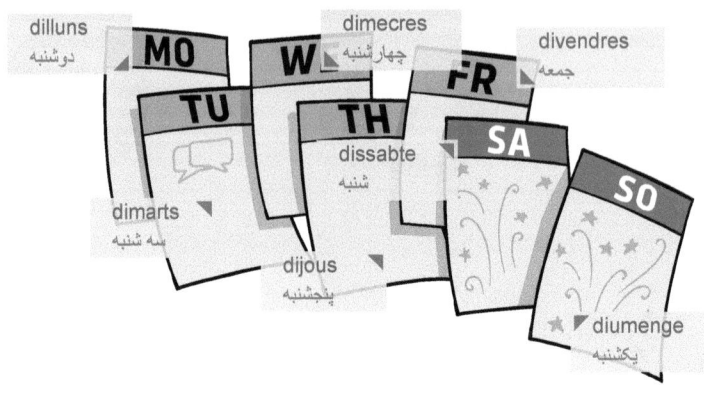

dilluns
دوشنبه

dimecres
چهارشنبه

divendres
جمعه

dimarts
سه شنبه

dijous
پنجشنبه

dissabte
شنبه

diumenge
یکشنبه

ahir

دیروز

avui

امروز

demà

فردا

matí

صبح

migdia

ظهر

tarda

غروب

MO	TU	WE	TH	FR	SA	SU
1	2	3	4	5	6	7
8	9	10	11	12	13	14
15	16	17	18	19	20	21
22	23	24	25	26	27	28
29	30	31	1	2	3	4

dia feiner

روزهای کاری

MO	TU	WE	TH	FR	SA	SU
1	2	3	4	5	6	7
8	9	10	11	12	13	14
15	16	17	18	19	20	21
22	23	24	25	26	27	28
29	30	31	1	2	3	4

cap de setmana

آخر هفته

any

سال

arc de Sant Martí
رنگین کمان
pluja
باران
neu
برف
vent
شمال
primavera
بهار
tardor
خزان
estiu
تابستان
hivern
زمستان

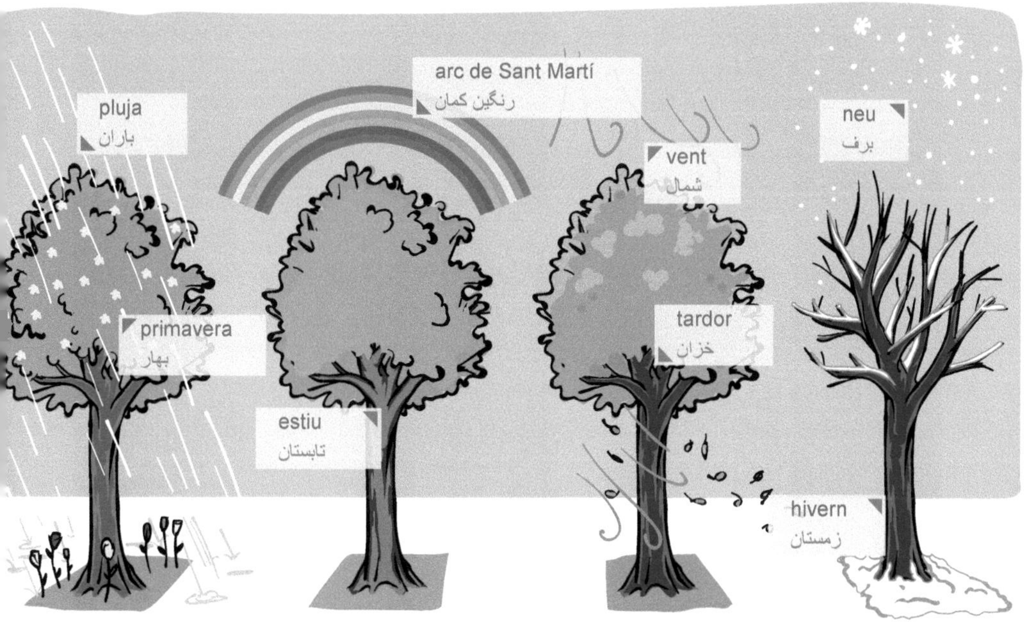

pronòstic del temps

پیش بینی آب و هوا

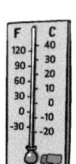

C

termòmetre

ترمامیتر

llum del sol

آفتاب

núvol

ابر

boira

غبار

humiditat de l'aire

رطوبت

llamp

رعد و برق

tro

الماسک

tempesta

طوفان

calamarsa

ژاله

monsó

موسم بارندگی

inundació

سیل

gel

یخ

gener

جنوری

febrer

فبروری

març

مارچ

abril

اپریل

maig

می

juny

جون

juliol

جولای

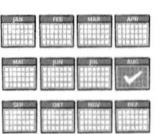

agost

اگست

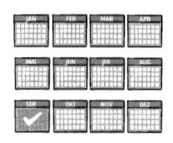

setembre

سپتمبر

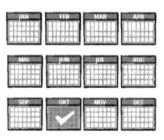

octubre

اکتوبر

novembre

نومبر

desembre

دسمبر

formes

شکل ها

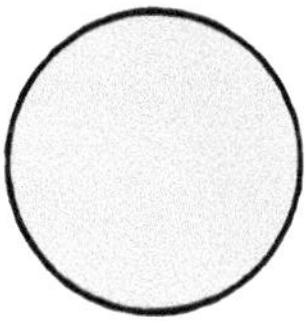

cercle

دایره

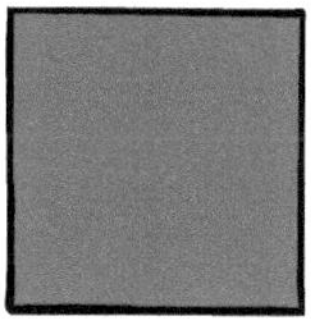

quadrat

مربع

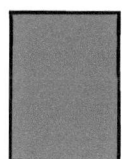

rectangle

مستطیل

triangle

مثلث

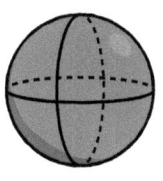

esfera

کره

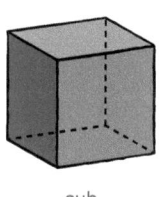

cub

مکعب

colors
رنگ ها

blanc

سفید

groc

زرد

taronja

نارنجی

rosa

گلابی

vermell

سرخ

lila

بنفش

blau

آبی

verd

سبز

marró

نصواری/قهوه یی

gris

خاکستری

negre

سیاه

oposats
متضاد ها

molt / poc

زیاد / کم

emprenyat / tranquil

عصبانی / آرام

bonic / lleig

مقبول / بدرنگ

començament / fi

آغاز / پایان

gran / petit

بزرگ / کوچک

clar / fosc

روشن / تیره

germà / germana

برادر / خواهر

net / brut

پاک / کثیف

complet / incomplet

کامل / ناقص

dia / nit

روز / شب

mort / viu

مرده / زنده

ample / estret

عریض / باریک

comestible / immenjable

خوراکی / غیر خوراکی

dolent / amable

عصبانی / دوستانه

entusiasmat / entediat

هیجان زده / کسل

gros / prim

چاق / لاغر

primer / darrer

اول / آخر

amic / enemic

دوست / دشمن

ple / buit

پر / خالی

dur / tou

سخت / نرم

pesant / lleuger

سنگین / سبک

gana / set

گرسنگی / تشنگی

malalt / sà

بیمار / سالم

il·legal / legal

غیر قانونی / قانونی

intel·ligent / ximple

باهوش / احمق

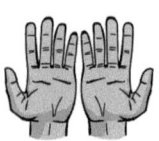

esquerra / dreta

چپ / راست

prop / llunyà

نزدیک / دور

nou / usat

نو / کهنه

res / quelcom

هیچ چیز / چیزی

vell / jove

پیر / جوان

encès / apagat

روشن / خاموش

obert / tancat

باز / بسته

silenciós / sorollós

بی صدا / پر سر و صدا

ric / pobre

ثروتمند / فقیر

correcte / incorrecte

صحیح / غلط

aspre / suau

ناهموار / هموار

trist / content

غمگین / خوشحال

curt / llarg

کوتاه / بلند

lent / ràpid

آهسته / سریع

humit / sec - eixut

تر / خشک

calent / fred

گرم / سرد

guerra / pau

جنگ / صلح

nombres

اعداد

0 zero صفر	1 u یک	2 dos دو
3 tres سه	4 quatre چهار	5 cinc پنج
6 sis شش	7 set هفت	8 vuit هشت
9 nou نه	10 deu ده	11 onze یازده

12

dotze

دوازده

13

tretze

سیزده

14

catorze

چهارده

15

quinze

پانزده

16

setze

شانزده

17

disset

هفده

18

divuit

هجده

19

dinou

نوزده

20

vint

بیست

100

cent

صد

1.000

mil

هزار

1.000.000

milió

میلیون

llengües

زبان ها

anglès

انگلیسی

anglès americà

انگلیسی امریکایی

xinès mandarí

چینی ماندارین

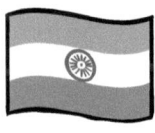

hindi

هندی

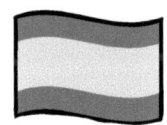

espanyol

اسپانیایی

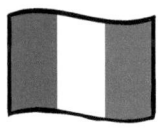

francès

فرانسوی

àrab

عربی

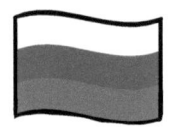

rus

روسی

portuguès

پرتغالی

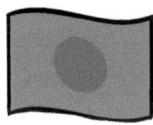

bengalí

بنگالی

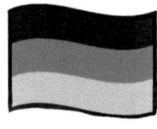

alemany

آلمانی

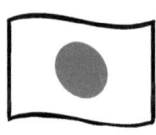

japonès

جاپانی

qui / què / com
کی/چی/چطور

jo

من

tu

شما

ell / ella / allò

او / او / آن

nosaltres

ما

vosaltres

شما

ells

آن ها

qui?

کی؟

què?

چی؟

com?

چطور؟

on?

کجا؟

quan?

چه وقت؟

nom

اسم

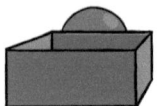

on
کجا

darrere

عقب

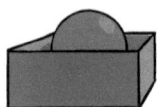

en

در

davant de

پیش روی

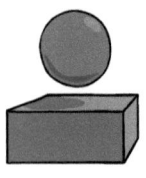

damunt

بالا

sobre

روی

sota

زیر

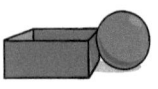

al costat

پهلو

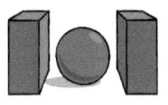

entre

میان

lloc

محل